# Phénomène louche

## Un guide de pH pour les filles.

Marcy Schaaf

Français

pHishy
pHenomenon
A pH guide for girls.
Marcy Schaaf
French

Welcome to the bubbly world where suds, giggles, and pH mysteries await! In "pHishy pHenomenon," we stumbles into soapy chaos, discovering that using the wrong pH balance can turn a bath into a bubbling blunder. Get ready for a hilarious adventure filled with slippery slides, hay bale hair, and a superhero's skin suit gone wrong! Until we find the secret to perfect pH, or will we be caught in the soapy shenanigans of the pHishy pHenomenon? Dive into this bubblicious tale, and let the laughter and learning begin!

Bienvenue dans le monde pétillant où la mousse, les rires et les mystères du pH vous attendent ! Dans "pHishy pHenomenon", nous tombons dans un chaos savonneux, découvrant qu'un mauvais équilibre de pH peut transformer un bain en une erreur bouillonnante. Préparez-vous pour une aventure hilarante remplie de toboggans glissants, de poils en bottes de foin et d'une combinaison de super-héros qui a mal tourné ! Jusqu'à ce que nous trouvions le secret d'un pH parfait, ou serons-nous pris dans les manigances savonneuses du phénomène pHishy ? Plongez dans ce conte pétillant et que les rires et l'apprentissage commencent !

# understanding pH effects

comprendre les effets du pH
1 2 3 4 5 6 7 8 9 10 11 12 13 14
Strongly Acidic
Weakly Acidic
Weakly Alkali
Strongly Alkali

Today, we learn the
magic of pH balance!

Aujourd'hui, nous apprenons la magie de l'équilibre du pH !

Bubble Bath Bonanza!

High pH bubbles—uh-oh! The bubbles pop,
and a not-so-sweet smell fills the air.

# Lesson:

High pH smells bad!

Let's find the perfect pH for our bubbly adventures.

Une aubaine pour le bain moussant !

Bulles à pH élevé : oh-oh ! Les bulles éclatent et une odeur pas si douce remplit l'air.

# Leçon:

Un pH élevé, ça sent mauvais !

Trouvons le pH parfait pour nos aventures pétillantes.

Face Wash Fiasco!

Low pH face wash—oops!
Your face turns oily, like a
slippery slide!

Fiasco du lavage du visage !

Nettoyant pour le visage à
faible pH : oups !
Votre visage devient gras,
comme un toboggan
glissant !

# Tip:

Low pH makes skin oily. Let's discover the ideal pH for a fresh-faced feel.

# Conseil:

Un pH faible rend la peau grasse.
Découvrons le pH idéal pour une sensation
de fraîcheur.

# Shampoo Shenanigans!
High pH shampoo—splash!
Makes hair feels like a
hay bale!

# Manigances de shampoing !

Shampoing au pH élevé : splash ! Donne aux cheveux la sensation d'une botte de foin !

High pH makes hair sad, Let's uncover the secret of luscious locks with perfect pH.

Un pH élevé rend les cheveux tristes. Découvrons le secret de mèches pulpeuses au pH parfait.

# Bar Soap Blunder!
## Low pH soap—eek!

Skin feels tight,
like a superhero's suit
gone wrong!

# Erreur de savon en barre !

## Savon à faible pH — eek !

La peau tiraille, comme si le
costume d'un super-héros
avait mal tourné !

Let's unveil the mystery of soft,
supple skin with the right pH.


The magic number—7!
Just like tap water,
it's the skin's best friend.

Dévoilons le mystère d'une peau
douce et souple avec le bon pH.

Le chiffre magique : 7 !
Tout comme l'eau du robinet,
c'est la meilleure amie de la peau.

Perfect pH Party!

## Bubble Bash:

Our skin loves pH 7!
It's the magic number for a
bubbly, fresh, and fantastic
feeling.

Fête du pH parfaite !

# Fête des bulles :

Notre peau adore le pH 7 !
C'est le chiffre magique
pour une sensation
pétillante, fraîche et
fantastique.

# Marvelous Makeover!

Use all pH 7 goodies—a bubbly bath, fresh face, silky hair, and soft skin!

# Merveilleuse métamorphose !

Utilisez tous les produits pH 7 : un bain moussant, un visage frais, des cheveux soyeux et une peau douce !

Let's share the magic
of perfect pH
with our friends.

Partageons la magie du pH
parfait avec nos amis.

# Bubbly Ballet:

Dance with us,
Feel the magic of perfect pH
and let the fun begin!

# Ballet pétillant :

Dansez avec nous, ressentez
la magie du pH parfait et que
la fête commence !

Tell the secrets of perfect pH .

Racontez les secrets d'un pH parfait.

# What happens with low pH?

# Que se passe-t-il en cas de pH faible ?

What

happens with

high pH?

Que se passe-
t-il en cas de
pH élevé ?

What soap is right for your skin?

Quel savon convient à votre peau ?

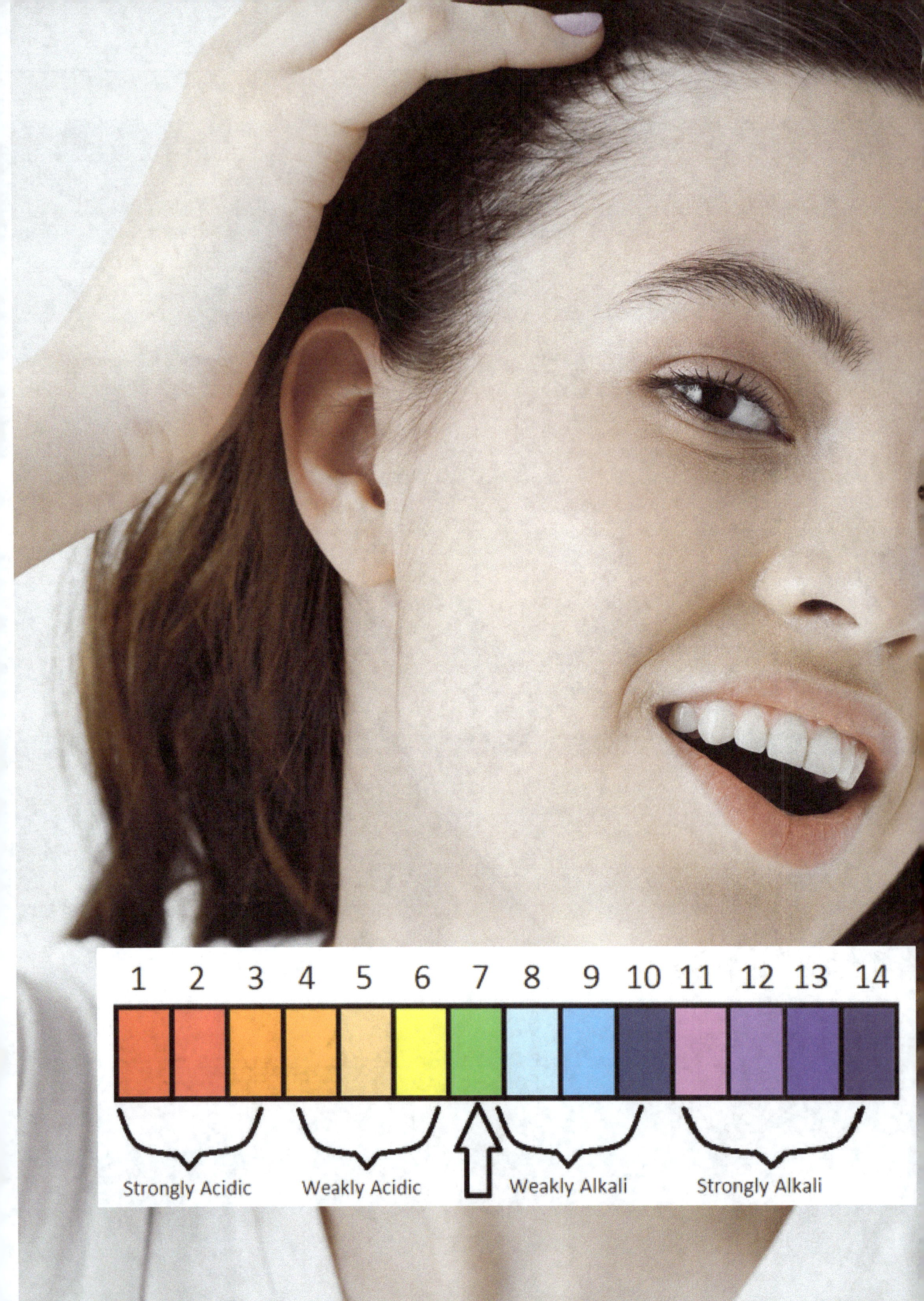

1 2 3 4 5 6 7 8 9 10 11 12 13 14
Strongly Acidic
Weakly Acidic
Weakly Alkali
Strongly Alkali